Dieses Buch gehört

Sebastian und

Christina

Für Lucy – E.C.

Titel der englischen Originalausgabe:
Bible Story Time. God makes the World

Lion Hudson plc, Mayfield House,
256 Banbury Road, Oxford OX2 7DH, England
www.lionhudson.com

Ins Deutsche übertragen von Irmtraut Fröse-Schreer

Deutsche Ausgabe:

www.brunnen-verlag.de
Satz: DTP Brunnen
Gedruckt in China
ISBN 3-7655-6826-0

Gott
macht die Welt

Sophie Piper/Estelle Corke

BRUNNEN
VERLAG GIESSEN BASEL

Am Anfang gab es nichts auf der Welt. Es war dunkel und leer.

Da sprach Gott: „Licht soll aufleuchten.“

Sofort wurde es hell. Gott hatte den ersten Tag gemacht.

Am zweiten Tag sagte Gott: „Über der Erde soll ein Himmel sein.“

Und so geschah es.

„Nun sollen sich Land und Wasser trennen“, sprach Gott.

Das Land hob sich aus dem Wasser. Pflanzen wuchsen darauf. Einige waren klein und zart, andere kräftig und riesig groß.

„Ich habe jetzt drei Tage gearbeitet“, sagte Gott. „Und was ich gemacht habe, gefällt mir.“

Am vierten Tag schuf Gott die Sonne, Mond und Sterne.

Gott sprach: „Die Sonne soll am Tag scheinen.

Mond und Sterne sollen nachts leuchten."

Auf der ganzen Welt geschah, was Gott wollte.

Am Morgen des fünften Tages schuf Gott die Meerestiere: Quallen, Schildkröten, Fische und Wale.

Dann machte Gott die Vögel.
Unzählige Arten flogen am Himmel.

Am sechsten Tag schuf Gott die Tiere, die auf dem Land leben: Löwen, Esel, Elefanten, Kaninchen und viele mehr.

„Und zum Schluss“, sprach Gott, „will ich die Menschen machen. Sie sollen sich an meiner wunderbaren Welt freuen und Acht auf sie geben.“

Sechs Schöpfungstage waren vorüber.
Am siebten Tag ruhte Gott sich aus.

Gott hatte den Menschen als Mann und Frau geschaffen. Der Mann hieß Adam, die Frau Eva. Gott schenkte ihnen das Paradies, einen Garten, in dem sie leben konnten. „Alles gehört euch“, sagte Gott. „Nur einen Baum dürft ihr nicht anrühren. Wenn ihr seine Früchte esst, müsst ihr sterben.“

Adam und Eva fühlten sich im Paradies sehr wohl.

Eines Tages kam eine Schlange zu Eva und fragte sie: „Hat Gott euch etwa verboten, von den Früchten im Paradies zu essen?"

„Nein", antwortete Eva. „Wir dürfen nur die Früchte eines einzigen Baumes nicht anrühren. Wenn wir davon essen, müssen wir sterben."

Die Schlange zischte: „Das ist eine Lüge! Diese Früchte werden euch klug wie Gott machen. Los, probier's doch mal!"

Eva streckte die Hand aus und pflückte eine Frucht. Dann biss sie hinein.

„Sie schmeckt gut“, sagte Eva. „Ich will Adam etwas davon abgeben.“

Adam biss auch in die Frucht. Dann schauten die beiden sich an.

„Oh weh!“, riefen sie.

„Wir sind ja nackt!“, erschrak Eva.

„Wie peinlich!“, meinte Adam.

Aus Blättern machten sich Adam und Eva Kleidung. Als die beiden hörten, dass Gott sie besuchen kam, versteckten sie sich.

Gott rief nach ihnen.

Er fand sie.

Und er sah, was geschehen war. Das machte ihn sehr traurig.

„Nun wird sich alles ändern“, sagte Gott. „Ihr dürft nicht länger im Paradies bleiben. Ihr müsst in die Welt hinausgehen. Für alles, was ihr zum Leben braucht, werdet ihr dort hart arbeiten müssen.“

Gott machte Adam und Eva Kleidung aus Fellen.

Traurig verließen die beiden das Paradies. Als sie zurückschauten, sahen sie einen Engel mit einem Schwert, der den Eingang zu ihrem schönen Garten bewachte. Sie würden nie wieder dorthin zurückkehren!

Adam und Eva schauten nach vorn. „Hier gibt es viel Unkraut", sagte Adam. „Aber wenn wir uns anstrengen, werden wir Getreide anbauen können."

Eva wischte sich ihre Tränen ab. „Es ist schrecklich, nicht mehr mit Gott zusammen zu sein", seufzte sie.

„Hoffentlich wird eines Tages alles wieder gut."